1913. Mars 14

474 Chambre des Commissaires Priseurs
Envoi à la Bibliothèque Nationale.

COLLECTION D'UN AMATEUR

Vente du Vendredi 14 Mars 1913

HOTEL DROUOT, SALLE N° 10

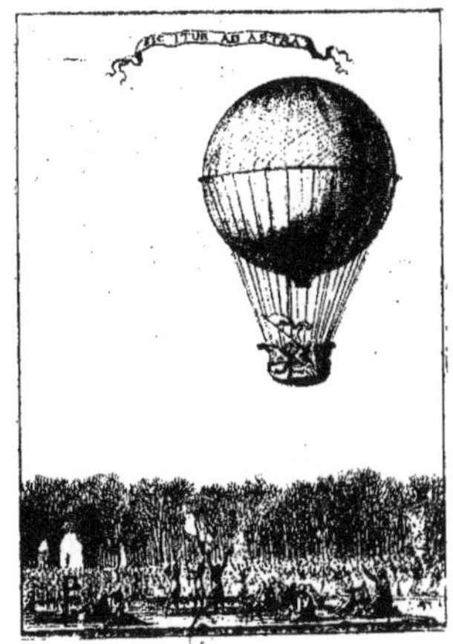

ESTAMPES SUR LES BALLONS

Assiettes au Ballon - Médailles

PORTRAITS DE SAVANTS

PIÈCES SUR LES CHEMINS DE FER, DRAISIENNES & VÉLOCIPÈDES

MONTAGNES RUSSES, VOITURES A VAPEUR, etc.

ESTAMPES DIVERSES

Commissaire-Priseur :
Me Georges ALBINET
83, Rue Taitbout

Expert :
M. Léo DELTEIL
38, Rue de Châteaudun

VENTE

D OBJETS D'AÉROSTATION, TABLEAUX,

Après le décès de M. Jacques GARNERIN,

PHYSICIEN, DOYEN DES AÉRONAUTES,

GRANDE SALLE DE L'HOTEL BULLION

Rue Jean-Jacques Rousseau, N° 3,

Le lundi 11 *octobre* 1824, *heure de midi.*

Il y aura exposition le dimanche 10 octobre, de midi à quatre heures.

Cette Vente consiste en plusieurs ballons, mongolfières et parachutes d'essais;

En un grand ballon en taffetas qui devait servir à l'ascension de M. Garnerin, au Champ-de-Mars, trois jours après son accident à Beaujon.

En patrons, modèles, *instructions*, gravures, et tous les accessoires relatifs aux ascensions : tels que filets, nacelles, caisses d'artifices, nymphes, géants en baudruche, maison mécanique, tuyaux, moulles et planches en cuivre, tonneaux, etc.

Quinquets, lanternes, réflêteurs, manchons, et autres objets servant à l'illumination.

Fantasmagorie et ses tableaux.

Plusieurs tableaux peints à l'huile.

Outils de bijoutier, et beaucoup d'autres objets.

AU COMPTANT.

C. BALLARD, Imprimeur du Roi et de S. A. R. Monseigneur le Duc de Bordeaux, rue J.-J. Rousseau, n°. 8.

N° 73 du catalogue

Estampes sur les Ballons

Assiettes au Ballon - Médailles

PORTRAITS DE SAVANTS

PIÈCES SUR LES INVENTIONS, JEUX & SPORTS

ESTAMPES DIVERSES

CONDITIONS DE LA VENTE

Elle sera faite au comptant.

Les adjudicataires paieront *dix pour cent* en sus des enchères.

M. Léo Delteil remplira les commissions que voudront bien lui confier MM. les Amateurs ne pouvant y assister.

MM. les Amateurs pourront visiter la collection du *Vendredi 7 au Jeudi 13 Mars 1913*, 38, rue de Châteaudun.

COLLECTION D'UN AMATEUR

CATALOGUE

D'ESTAMPES SUR LES BALLONS

Assiettes au ballon — Monnaies

PORTRAITS DE SAVANTS

PIÈCES SUR LES CHEMINS DE FER, LES DRAISIENNES

& VÉLOCIPÈDES, LES MONTAGNES RUSSES

LES VOITURES A VAPEURS, etc.

ESTAMPES DIVERSES

Dont la Vente aura lieu : A PARIS, HOTEL DROUOT, SALLE N° 10

LE VENDREDI 14 MARS 1913

à 2 heures précises

Par le Ministère de Me GEORGES ALBINET, Commissaire-Priseur

83, Rue Taitbout

Assisté de M. LÉO DELTEIL

MARCHAND D'ESTAMPES-EXPERT

38 Rue de Châteaudun, 38. — PARIS

Estampes sur les Ballons

PORTRAITS D'AÉRONAUTES

1. **Vue d'Annonay** en Vivarais. Dédiée à MM. de Montgolfier frères. L'Origine des Aérostats, ou la première de toutes les expériences, faite à Annonay le jeudi **5 juin 1783**. — **Vue du Champ de Mars**. Deuxième expérience exécutée à Paris le **27 août 1783** par les Mrs Charles et Robert. — **Vue de Versailles** prise du côté de la Chapelle. 1re expérience faite à Versailles le **19 7bre 1783**, dans la grande cour du château. — **Vue de la Terrasse de Mr Franklin** à Passi. Premier voyage aérien (La Muette, **21 nov. 1783**). — **Vue des Brotteaux** à Lyon. Le Flesselles ou le 3e voyage aérien le **10 janvier 1784**. — **1ère Expérience** mécanique et aérostatique de M. Blanchard, dess. d'après nature, dans le jardin de M. l'abbé Viennet, tel qu'il a été vue le **27 février 1784**. — **La Montgolfière Marie-Antoinette**. 2e expérience faite à Versailles dans la Cour des Ministres par M. Pilatre des Rosiers (**23 juin 1784**). — **Vue des Tuileries** prise de la Grande Allée. 3e expérience aérostatique de MM. Robert, faite aux Tuileries le **19 sept. 1784**. — Série de huit pièces éditées *à Paris, chez Vachez*.

2. **Expérience** de la Machine aérostatique de Mrs de Montgolfier d'Annonai en Vivarais, reppétée à Paris le **27 aoust 1783** au Champ de Mars. — **Allarme** générale des Habitants de Gonesse, occasionnée par la chute du ballon aérostatique. *Se vend à Augsbourg.* — Deux pièces en largeur, la *1ère coloriée.*

3. **A Messieurs les Souscripteurs.** Allarme générale des habitants de Gonesse, occasionnée par la chute du ballon aérostatique de Mr de Montgolfier. *A Paris, chez Le Noir.* Pièce en larg. Très belle épreuve.

4. **A Monsieur Faujas de St Fond.** Expérience aérostatique faite à Versailles **le 19 septembre 1783,** en présence de leurs Majestés, de la Famille Royale et de plus de 130 milles spectateurs, par Mrs de Montgolfier... *A Paris, chez Le Noir.* Pièce en larg. Belle épreuve.

5. **Premier voyage aériens** en présence de M[r] le Dauphin. Expérience faite dans le Jardin de la Muette, sous la direction de M. Montgolfier, par M[r] le Mis d'Arlandes et Mr Pilatre du Rosier, le **21 9bre 1783.** — **Second voyage aérien.** Expérience faite dans le Jardin des Thuilleries par MM. Charles et Robert, **le 1er X[bre] 1783.** — **Troisième voyage aérien.** Expérience faite à Lion le **19 janv. 1784,** sous la direction de Mr Joseph Montgolfier. — Série de trois pièces dess. par le Ch[r] de Lorimier, gravées par N. de Launay. Belles épreuves.

6. **Globe aérostatique** de Mrs Charles et Robert, au moment de leur départ du Jardin des Tuileries le **1er X[bre] 1783.** Dess. par Duperreux fils. Gravé par L. Boutelou. *Se vend chez le Graveur.* Pièce en larg. Très belle ép. à toutes marges.

7. **A l'honneur de Mrs Charles et Robert.** Expérience célèbre faite à Paris en présence de huit cent mille

personnes... *A Paris, chez le Noir.* Belle épreuve, petite restauration.

8. **Bon Voyage.** Expérience du Globe aërostatique de MM. Charles et Robert, au Jardin des Thuileries. *A Paris, chez Esnauts et Rapilly.* — **Le même sujet**, ép. différente de gravure, *avant toute lettre*, sans aucune légende. -- Deux pièces *coloriées*. Belles épreuves.

9. **Vue prise du Pont Royal.** Seconds voyageurs aëriens, ou Expérience de MM Charles et Robert... *A Paris, chez Chereau.* Gravé par Prévost. In-4 en larg., très belle épreuve *avant le nom du graveur*.

10. **Vue prise du Pont Royal.** Seconds voyageurs aériens... *A Paris, chez Chereau.* Gravé par Prévost. — **Le Moment d'hilarité universelle** ou le Triomphe de MM. Charles et Robert. J HE, inv. et del.; H. G. Bertaux, sc. *Se vend chez Le Noir.* — Ens. Deux pièces.

11. **Vue de Paris**, prise du Palais de Bourbon, où l'on fait voir les différentes expériences de l'impulsion de l'air inflammable sur l'air naturel, par le moyen d'un balon aërostatique ..., etc. Gravure anonyme. In-4 en larg. *Coloriée.* — **Aux Amateurs de Physique.** 2 pièces, reproductions d'une vue d'optique de l'époque, dont 1 *en coul.* — Ens. 3 pièces.

12. **Représentation** du Globe aérostatique qui s'est élevé de dessus l'un des bassins du Jardin Royal des Tuilleries le 1er décembre 1783. — **Sic utur ad astra.** Départ de MM. Charles et Robert... — **Le Moment d'hilarité universelle** ou le Triomphe de MMrs Charles et Robert. Gravé par H. G. Bertaux. *Se vend chez Le Noir.* — Ens. 3 pièces.

13. **Aux Amateurs de Physique** (Ascension de MM. Charles et Robert). Deux pièces différentes, reproductions d'une vue d'optique de l'époque, la 1re en couleurs, la 2e extraite de l'ouvrage de Jaime.

14. **Fig. 1. Départ de MM. Charles et Robert** le 1er Décembre à 2 heures après-midi des Thuillerie. Fig. 2. Descendu à 4 heures dans la plaine de Nesles à 9 lieux de Paris, 1783. *A Paris, chez Basset*. Chanson au bas. Belle épreuve. Rare.

15 **Vue prise de la Grille du Château.** Expérience du globe aérostatique de MM. Charles et Robert... — **Mgr le duc de Chartres** et Mr le Duc de Fitz-James signent le procès-verbal... Deux pièces faisant pendants, gravées par A. Sergent. *A Paris, chez Tilliard*. Belles épreuves.

16. **Descente** de la Machine aérostatique des Srs Charles et Robert. *A Paris, chez Esnauts et Rapilly*. Pièce en largeur. Très belle épreuve *coloriée*.

17. **Vue de la Prairie de Nesle**, dessiné d'après nature. Triomphe de Mrs Charles et Robert. *A Paris, chez Vachez*. Très belle épreuve *coloriée*.

18. **Entrée** du Char de Mrs Charle et Robert revenant à Paris après leur voiage aérien, suivi d'un de leurs plus zélés partisans à 9 heures du soir le 2 Xbre 1783. Pièce en larg. Belle épr. *coloriée* (quelques taches de rousseur). *Rare*.

19. **1re (et 2e) Expérience** de la Machine Aérostique avec les moyens de la diriger à volonté par le docteur Jonathan... le **22 décbre 1783** (et le **10 janvier 1784**) Dess. d'après nature et gravées par Waulstain, à Londres. — Deux pièces.

20. **Essai** sur les Machines aérostatiques pour les perfectionner et les employer utilement. Par A. J. R..., ingénieur, **1783.** *A Paris, chez Mr Picquenot.* In-fol. en larg., très belle épreuve *coloriée.*

21. **Première expérience** de la Machine aérostatique, nommée Le Flesselle, construite à Lyon, sous la direction de Mr Joseph Montgolfier ; Départ de la Machine aérostatique le **19 janvier 1784** montée par l'auteur et par Mrs le Prince Charles de Ligne, le Cte de Laurencin, le Cte Dampière, le Cte d'Angleffort, Pilastre de Rosier et Fontaine — Deux pièces sur la même planche, dess. par Cogell, gravé par St-Aubin. Dédiée, avec armoiries gravées, à Mme de Flesselle, intendante de Lyon. *A Lyon, chez Castaud.* In-fol. en larg., belle épreuve.

22. **Expérience** aérostatique faite à Lyon le 19 janvier 1784... Audibert, del. *A Lyon, chés Gentot.* In fol., belle épreuve.

23. **Le Ballon de Lyon**, nommé le de Flesselles. *Chez Boily.* — **Détails** géométriques de la Machine aérostatique élevée à Lyon, sous la conduite et par les soins de Monsieur Jos. Montgolfier le 19 janv. 1784. — Deux pièces, belles épreuves.

24. **Représentation** des Globes aérostatiques inventés par MM. Montgolfier. Baricolo, inv. Pièce publiée en **1784**, en l'honneur des Montgolfier. Belle épreuve.

25. **Aux Incrédules de Paris**. En l'an Mille Sept Cents Octante plus et moins, atendres dans le Ciel étrange phénomène,... *A Paris chez Le Noir.* In-fol., belle ép. *coloriée.* (Rare).

Estampe satirique dirigée contre Blanchard, dont on remarque dans le ciel son célèbre vaisseau-volant.

26. **Nous somme ici** en admirant le Départ du vaisseau volant (Pièce satirique contre Blanchard). Estampe anonyme à l'eau-forte, datée de 1784. Belle épreuve.

27. **Vaisseau volant** aérostatique de Mr Blanchard comme il devait monter avec Dom Pech, bénédictin, le 2 mars à midi et demie au Champ de Mars... *A Paris chez Basset.* —**Vaisseau volant** de Mr Blanchard dans lequel il est parti seul le **2 mars 1784** du Champ de Mars. *A Paris, chez Basset.* — Deux pièces in-fol. Belles épreuves *coloriées.*

28. **Remarque** sur le Ballon aérostatique de M. Blanchard comme il était projetté. — **Vaisseau volant** de Mr Blanchard, dans lequel il est parti seul le 2 mars 1784, du Champ de Mars. (*A Paris, chez Basset*). — Deux pièces, belles ép. *coloriées.*

29. **Expérience** du Vaisseau volant de Mr Blanchard le 2 mars 1784 au Champ de Mars, comme il devait monter avec Dom Pech. — **Vaisseau volant** de M. Blanchard comme il est parti seul du Champ de Mars le 2 Mars 1784. Deux pièces sur la même planche. *A Paris, chez Basset.* In-4 en larg. Belle épreuve.

30. **Vie de Bonaparte**, premier Consul de la République Française. Dess. par Nodet ; gravé par Le Beau. *A Paris, chez Jean.* In-fol. en larg., contenant 24 sujets en médaillons.

L'un des sujets représente Bonaparte voulant crever un ballon dans lequel on ne veut pas le laisser monter. — Cette légende se rapporte à l'ascension de Blanchard au Champ de Mars le 2 mars 1784. Le jeune militaire qui voulut prendre place dans la nacelle et blessa l'aéronaute d'un coup d'épée au bras, est le Bon du Pont de Chambon, alors élève du Roi à l'Ecole royale militaire.

31. **Sic reditur ab astra.** Ici le hazard réunit les plus beaux personnage *(sic)*. Estampe anonyme. In-fol. en larg., belle épreuve *coloriée.*

Pièce satirique sur la descente de Blanchard.

32. **Projet** d'un superbe ballon de 120 pieds de diamètre qui doit être enlevé à Dijon (**1784**). *A Paris, chez Basset.* In-fol., très belle épreuve *coloriée.*

33. **Aérostat le Marseillois**, enlevé à Marseille le **8 mai 1784**, à 9 heures et demie du matin, dans l'enclos de Mr Fois Eyraud, portant MM. Bonnin et Mazet... Sellon, del. ; Gravé par Debuigne. *Se vend chez Roullet, à Marseille. Rare.*

34. **Ascension de Adorm** à Strasbourg le **15 mai 1784**. Estampe anonyme, sans aucune lettre, ni légende. *Rare.*

35. **Montgolfière La Gustave.** Dédiée à Sa Majesté Gustave III, Roy de Suède. Cet aérostat présenté à Sa Majesté, lors de son passage à Lyon, par le Corps municipal de cette ville, a été construit sous la direction de Mr le Comte de Laurencin, et de Mr Treille, par Mr Fleurant, qui l'a monté le **4 juin 1784**, avec la Dme Tible. Par Boily. In-fol. en larg. Belle épreuve.

Belle et intéressante pièce; Mme Tible est la première femme qui prit part à une ascension.

36. **Vue perspective de l'aérostat Le Suffren** et des appareils employés pour l'enlever et le remplir, lequel a été lancé du Jardin de l'Hôpital des enfans orphelins de Nantes le **14 juin 1784**... *A Nantes, chez Auvray et à Paris, chez Petit.* Gr. in-fol., très belle épreuve.

37. **Dédiée** à Monsieur Coustard de Massi. Vue perspective du nouveau bâtiment de l'Hôpital des enfants trouvés de cette ville (Nantes), avec la démonstration de l'aérostat élevé dans le Jardin de cette maison le 14 juin 1784. Par Antoine Henon. *A Nantes, chez le Sr Sebire et à Paris, chez Basset.* In-fol. en larg.

38. **Expérience** de l'Aérostat nommé la Montgolfière faite par Mr Pilatre du Rozier à Versailles le **23 juin 1784** en présence de la famille R^le... *A Paris, chez J. Chereau.* — **La Machine** aérostatiq , vue du côté du Château. *Anonyme.* — Deux pièces, belles épreuves *coloriées.*

39. **Machine** aérostatique de MM^rs l'abbé Miolan et Janninet... *A Paris, chés Esnauts et Rapilly.* In-fol., belle épreuve.

40. **Les Deux Midas**. Vue de l'Élévation du Globe aérostatique faite par un détachement des Gardes Suisses, sous la direction de Messieurs Miolan et Janinet, le **11 Juillet 1784**. — **Le Chat Miaulan** fouetté par le Suisse. Avec Chanson. — Deux estampes satiriques, anonymes. Belles épreuves.

Janinet, auteur avec l'abbé Miolan, de cette Machine aérostatique, est le célèbre graveur d'estampes en couleurs du XVIIIe siècle, d'après Lawreince et autres.

41. **Les Phisiciens** travaillants à l'Observatoire, dédié aux souscripteurs. – **Réception** des Srs Miolant et Janinet à l'Académie de Montmartre. -- **Jugement** définitif en faveur des Srs Miolant et Janinet. — Trois pièces satiriques sur l'expérience de Miolan et Janinet; estampes anonymes à l'aquatinte. Epr. *imprimées en sanguine.*

42. **Vue des 24 jets à St-Cloud**. 2e Expérience de MM. Robert frères. Dédiée et présentée à Son Altesse Sérénissime Monseigneur le duc de Chartres. Le **15 Juillet 1784**, a 8 heures, il fut conduit dans la pièce des 24 jets et au milieu de la plus nombreuse et la plus brillante assemblée il s'éleva avec majesté... Cet aérostat était monté par Mgr le duc de Chartres, MM. Robert et un secondant. Gravé par Le Vachez. *A Paris, chés l'Auteur. A. P. D. R.* In-4 en larg., très belle épreuve d'une pièce rare.

43. **View of the Ascent of Mr Lunardi's** celebrated air Balloon from the Artillery Ground sept^r. **15 ^th 1784.** Gravé par T. Deeble. *Publ. by J. Sewell, 1784.* In-4. Belle ép.

44. **Copia** de la 3ª maquina aerostatica construida por el Capitan D^n Vincente Lunardi, en la que se elebó en Londres en Compañia del Caballero Biggin y Madame Sage... Estampe anonyme à *l'aquatinte.* Gr. in-fol. Belle épreuve.

45. **Bon Voyage.** Expérience du Globe aérostatique de MM. les frères Robert, au Jardin des Thuileries,... les trois voyageurs MM. Robert frères et M. Colin-Hullin, leur beau-frère... le dimanche **19 7bre 1784.** *A Paris, chez Esnauts et Rapilly.* In fol., très belle épreuve.

46. **Globe** enlevée à la Muette le 21 nov. 1783. *A Paris, chez Esnauts et Rapilly.* — **Vue des Brotteaux** à Lyon. Le Flesselles ou le 3e Voyage aérien le 10 janv. 1784. *A Paris, chez Vachez.* — **Expérience** du vaisseau volant de Mr Blanchard le 2 mars 1784. *A Paris, chez Basset.* — **Second Voyage aérien** (1 déc. 1783); Troisième voyage aérien (19 janv. 1784); Machine aérostatique (19 oct. 1783). 3 pièces gravées par de Longueil, d'après le Ch^r de Lorimier. — Ens. 6 pièces.

47. **Expériences** de M. de Montgolfier à Versailles (19 sept. 1783), de MM. Charles et Robert au Jardin des Tuilleries (1 déc. 1783), de M. J. de Montgolfier à Lyon (19 janv. 1784); etc. — Réunion de 12 pièces gravées par De Launay et autres (plusieurs doubles).

48. **Le Véritable Navigateur aérien**. L. J. Stoupy Bijon, invenit et delineavit. Gravé par Michon. *A Paris, chez Vachez*. In-fol., très belle épreuve *coloriée*.

49. **Nouvelle forme de Globe aérostatique**, composé, dessiné et gravé par le Sr Mathieu, méchanicien. **1er avril 1784** — **Ballon** du chevalier de la Motte (**1784**). — **Aérostat** enlevé au Luxembourg le **18 juin 1786**, par M. Tétu. — Trois pièces.

50. **Moyen de diriger les Aérostats**, par Monsieur Masse, architecte. *A Paris, chez l'auteur*. In-fol.

51. **Luftkugel bei Leipzig**. — Estampe allemande. In 4. *Rare*.

52. **Premier Passage de la Mer**. Dédié à M. Blanchard, pensionné du Roi, Citoyen de Calais. Apparition du Globe Aérostatique de M. Blanchard entre Calais et Boulogne, parti de Douvres le **7 de janvier 1785**. Dess. par Desrais ; Gravé par L. Bonvalot. *A Paris, chez Basset*. In fol. en larg., à l'aquatinte, *imp. en bistre*.

53. **Vue de la Garenne du Roy** à Vimereux, à cinq quart de lieue de Boulogne sur Mer. Extrait d'une lettre écrite à M. de... par Mr Terneaux, Garde Marteau de la Maitrise (Mort de Pilatre de Rozier et Romain, **15 juin 1785**). *A Paris, chez Le Vachez*.

53 *bis*. **The Perilous situation of Major Mony...** La situation périlleuse du Majeur Mony, qui tomba avec son ballon dans la mer, sur les côtes de Yarmouth le **23 juillet l'an 1785**. *London, Publ. 1789 by John Murphy.* Gr. in-fol en larg., gravé à la manière noire par Murphy, d'après Reinagle. Belle épreuve (petite restauration).

54. **La Quatorzième** expérience aérostatique de M. Blanchard, accompagné du Chevalier Lépinard faite à Lille en Flandre, **le 26 Août 1785** ; **Entrée** de Mr Blanchard et du Chevalier Lépinard, cinq jours après leur ascension aérostatique dans la ville de Lille le 26 août 1785. Deux pièces faisant pendants, gravées par Helman, d'après L. Watteau, de Lille. *A Lille, chez L. Watteau.* Très belles épreuves à grandes marges. — **Carte** et développement du voyage aérien de Mr Blanchard et du Chr de Lépinard. Gravé par Mesché à Lille. — Ens. 3 pièces.

55. **Coup d'œil** exact de l'arrangement des peintures au Salon du Louvre, **en 1785**. *A Paris, chez Bornet.* In-fol. en larg., belle épreuve.

Parmi les tableaux exposés à ce sallon, figure celui de de Machy, représentant l'ascension de MM. Charles et Robert

56. **L'Ascension** de la Nymphe aérienne c'est fait le (**1er Janvier**) **178** (**7**) sur la place du Quartier des Buisses à Lille par le Sr Enslen. Gravé par Durig. In-4 en larg., très belle épreuve.

57. **Blanchards** 28 te Farth zu Nurnberg, den **12** ten **November A° 1787**. Dess. et gravé par A. W. Kütsner, 1788. In-fol. en larg., belle épreuve.

58. **Herrn M. Blanchard** Seine 28 te Luftreise zu Nurnberg am 12 novemb. A° 1787. Dess. et gravé par Stahl, 1787. — **Auffahrt** des Herrn Blancharts zur 28sten seiner Luftreissen auf dern Judenbühl bey Nurnberg, d. 12 ten Novemb. 1787. Dess. et gravé par F.-A. Annert. — **28 Luftreise** des Herrn Blanchards zu Nurnberg Anno 1787. Anonyme. — **Nachricht** das merckwürdigste so nach der Ausfart des Herrn Blanchard .. 1787. Planche de texte gravé. — Ens. 4 pièces.

59. **Vistadel Globo Areostatica** que se hechó la tarde **12 de Agost° de 1792** en el Jardin del buen Retiro. — **Vista** del Globo Aereostatico que se hecho ante sus Magestades y su Real familia en el qual fue Dr Vincente Lunardi el dia 8 de enero de 1793. — Deux pièces anonymes, gravées à l'eau-forte Belles épreuves.

60. **Globo** que se elebo en el buen retiro el dia 12 agosto por Dn Vincente Lunardi..... 1792. — **Vista** del Globo aereostatico que se hecho ante Ss Ms y su Rl. familia el dia 8 de enero de 1793 en el qual fue Dn Vincente Lunardi... Deux pièces gravées à l'eau-forte, la 1ère signée. Jo. Rz. Belles épreuves. *Rares.*

61. **Bataille de Fleurus** (**26 juin 1794**). Réunion de 8 pièces, gravées par Massard, Berthault, Duplessi-Bertaux, Raffet, etc. (*2 imageries coloriées*).

62. **Expérience de Parachute,** le 1er Brumaire an 6 (**22 octobre 1797**, v. s.) à 5 h. 28 m. du soir, le citoyen Garnérin, s'éleva à ballon perdu au Parc de Monceau... Dess. et gravé par Simon Petit. *A Paris, chez l'Auteur.* — **An exact Représentation** of M. Garnerin's Ballon's with an accurate view of the Ascent and Descent of the Parachute. Dess. par G. Fox ; gravé par H. Merke. *Publ. Nov. 30. 1802, by G. Fox.* — Deux pièces in-fol., belles épreuves.

63. **Ascension** d'un ballon, au Champ de Mars, sous le Consulat. Gravé à l'eau-forte par Duplessi-Bertaux. Belle épreuve *avant toute lettre.*

64. **La Folie du Jour.** Dess. par Garneray. Gravé par Bacquoy. Dirigé par Tardieu l'aîné. In-8.

Jolie petite pièce ayant servie de frontispice pour l'ouvrage : *Le Nouveau Diable Boiteux*, tableau philosophique et moral de Paris, *an VII* ; 2 vol.

65. **Costume Parisien. An 7.** Planche 68. In-8. Belle épreuve *coloriée.*

Cette planche parue dans le journal de *La Mésangère*, représente une jeune femme assise au Jardin d'Idalie, regardant avec sa lorgnette un ballon s'élevant dans les airs. — Rare.

66 **Vol à tir d'ailes** au Jardin d'Idalie. Planche extraite d'un ouvrage périodique « *Le Mois* ». In-8. Belle épreuve *coloriée* (Rare).

67. **Vue brillante** de l'Anniversaire du **14 juillet 1801**, du 25 messidor de l an 9. Feu d'artifice tiré à l'Etoille des Champs Elisées, sous le Consul Bonaparte... *A Paris, chez J. Chéreau* — **la même pièce**, en réduction. — **Fête du 14 Juillet, an IX.** Vue de la Salle de Walse construite au Carré de la Laiterie ; Vue du Temple de la paix dans le grand carré des Champs Elysées 2 sujets sur la même planche. — Ens. 3 pièces (*2 coloriées*).

68. **La Thilorière** ou descente en Angleterre. Projet d'une Montgolfière capable d'enlevér 3.000 hommes et qui ne coûtera que 300 000 francs. On y suspendra une lampe qui présentera une nappe de flamme suffisante pour empêcher le refroidissement. Extrait du Publiciste du jeudi **13 prairial de l'an XI**. *A Paris, chez Boulard*. Très belle épreuve *coloriée*. Rare.

69. **Divers Projets** sur la descente en Angleterre. — La Thilorière (ingénieur) ou la descente en Angleterre (2 juin 1803). Reproduction d'une estampe de l'époque. — Ens. 2 pièces.

70. **XII frimaire an XIII (3 déc. 1804). Fête du Sacre** et Couronnement de Leurs Majestés Impériales. Vue de la Place de la Concorde..., et l'ascension des 5 ballons qui s'élevèrent majestueusement... Dess. par Le Cœur; Gautier aq. fort.; Gravé par Marchand. *A Paris, chez Bance et chez l'auteur*. In-fol. en larg., belle épreuve *coloriée*.

71. — **La même pièce**. Belle épreuve en noir.

72. **Luftfahrt des Herrn Professors Bourguet** zu Berlin den **23 may A° 1804**. — **Ascension** du Ballon, au Champ de Mars, sous le Consulat. Eau-forte de Duplessi-Bertaux. Epreuve *avant toute lettre*. — **Mrs Sadler's** ascent with Capt. Paget, from the Mermaid Gardens, Hackney, **august 12. 1811**. Figure sur bois. — Trois pièces.

73. **Expérience** aérostatique exécutée dans le Champ-de-Mars à Paris le **2 7bre 1812** par M. Degen, mécanicien de Vienne en Autriche. Gravé sur verre et imprimé par Fourmy (*Rare*). — **Nouvelle charrue** sans brevet d'invention propre à labourer la terre sans chevaux, inventée par Mr Deghen, célèbre mécanicien allemand, essayée au Champ de Mars **5 Oct. 1812**. Reproduction d'une estampe de l'époque. — **Machine** volante de Deghen. Figure sur bois. — Trois pièces.

74. **Vue du Passage du Cortège** de Sa Majesté Louis XVIII, devant la Statue de Henry IV, **le 3 Mai 1814**, jour de son arrivée dans Paris. *A Paris, chez Basset*. In-fol. en larg.

75. **Pour la Fête du Roy !** par Elisa Garnerin. Estampe gr. in-fol. en larg.

Descente en parachute d'Elisa Garnerin au Champ de Mars lors des réjouissances organisées pour la fête de Louis XVIII, le *25 août 1815*.

76. (**Ascension de Margat**, monté sur son cerf Coco (Tivoli, jeudi **5 juin 1817**). In-fol. Belle épreuve.

77. **Luftfahrt der Mad Reichardt** auf der Theresien-Wiese am Ockober-Feste zu Munchen **1820**. Lithographie rare.

78. **Vente d'objets d'aérostation,** tableaux, après le décès de M. Jacques **Garnerin**, physicien, doyen des aéronautes, grande salle de l'Hôtel Bullion, Rue Jean-Jacques Rousseau, n° 3, le lundi **11 octobre 1824,** heure de midi. *C. Ballard, imprimeur du Roi.* Affiche in-fol. *Rare.*

79. **Au Champ de Mars**, dimanche prochain **6 juin et 13 juin 1824**, ascension et départ pour un voyage aérien, d'une flottille aérostatique composée de Cinq Ballons et montée par MM. Dupuis Delcourt et J.-M. Richard. 2 affiches et 1 planche représentant la Flottille aérostatique. soit 3 pièces gr. in-fol. en larg. — **Ascension** de MM. Dupuis-Delcourt et Richard, des Jardins de Mr le duc d'Aumont, à Montjean, près Paris, le **7 nov. 1824**. *Lith. de Villain* (2 épreuves). — **Carte** aéro-graphique pour servir au voyage aérien de Mr Dupuis-Delcourt, parti de Paris le **29 Juillet 1831**... *Lith. de Dezauche.* — **10me Voyage** aérostatique de M. Eugène Robertson, accompagné d'une dame, exécuté en Amérique à la Nouvelle-Orléans le **27 avril 1827**. — **Prof. Robertson**. Portrait. — Ens. 8 pièces.

80. **Représentation** du ballon précédant immédiatement son ascension du village de Seal, près de Sevenoaks, dans le Comté de Kent le **23 août 1825**... Cette planche représentant ce ballon de soie... (construit sous la direction de Mr Cornillot) est très respectueusement dédiée à Mr T. R. Jolliffe, le compagnon de son voyage aérien. Drawn from nature and on stowe by W. Gaucin. Printed by Hullmandel. *Publ. by M. Colnaghi and C°, London, 1826.* In-fol. en larg.

81. **Ballon** de Fête relig'euse (lancé à Fracasti en **1830**). Lithog. de Thomas (2 épreuves, dont *1 coloriée*) — **North** front of the Heath. As it appeared **nov. 25. 1836** in celebration of the Birth of a son and Heir, to J. Ackers, Esq., by his humble servant J. Phippen. Lithog. par E. Hodson — **The Balloon** passing over Coblenz. A. Butler, lith. From a sketch by Monck Mason, esq. — **L'Air**. Lithog. de J. David. — **Le Petit Ballon**. Lith. de Regnier, d'après Jacquand. (Galerie pittoresque). — Six pièces.

82. **A Consultation** previous ton an Aerial Voyage from London to Weilburg in Nassau on the 7th **day of November 1836**. (Portraits des six aéronautes). Gravé par J. H. Robinson, d'après J. Hollins. *London publ. by H. Graves, 1843.* Belle épreuve.

83. **The ascent of the Royal Nassau Balloon** from Vauxhall, with the Parachute attached; The fatal descent of the Parachute by which Mr Cocking lost his life. *London, publ. by Will. Follit.* 2 sujets sur la même feuille — **The terrific descent** of the Parachute...; containing the late infortunate Mr Cocking.. **july 24th 1837**. *London, publ. by W. Follit.* — Deux pièces lithographiées.

84. **Der Luft-Dampf-Wagen,** erfunden von Henson, welcherdurch eine Parlaments Acte in England patentirt wurde (**1843**). *Wien, bei L. T. Neumann.* Lithographie en larg.

85. **Locomotive-aérienne-Meller** (**1851**), 2 épreuves. — **Salle des conférences.** Conférences expérimentales sur la navigation aérienne par l'ingénieur Camille Vert. Le plus léger que l'air, par le Poisson volant ; le plus lourd que l'air, par l'homme ailé, l'Hélicoptère. Affiche avec 2 sujets *coloriés.* — **Appareil volant** de Letur (**1852**). *Lith. Decan.* — **Montgolfière de Kirsch** (**1843**). — **Le Tricolore** Durnof, Paris, **6 juin 1874**. — 6 pièces en noir et *coloriées.*

86. **Almanach** astrologique, 1851. — **Les Eléments.** Grande valse par E. Tédesco. — **Aérostat** dirigeable par la main de l'Homme. — **Menu** du banquet du centenaire de la découverte des aérostats 1883. — **Ascension** du ballon le Zénith, 1875. — **Le Denis-Papin** (La Vérité sur la poste pendant le Siège.) — **Les Naufragés de l'Arago.** Chanson patriotique. — **Aviation.** Etudes, essais et inventions, par Bourcart, août 1866. — **Ascensions** aérostatiques les plus remarquables, par A. N. Perrot, etc. — Réunion de 23 pièces.

87. **Caricatures et pièces fantaisistes. — Montgolfier** in the Clouds constructing of Air Balloons for the Grand Monarque. *Publ. 1784 by S. Fores.* — **Voyez du nain des Savans,** la fierté peu commune ! *Anonyme* — Deux pièces satiriques sur **Montgolfier** et **Lalande**.

88. — **Le Volomaniste** (Pièce satirique sur Faujas de St Fond) — **Les Merveilleux physiciens.** Reproduction d'une estampe de l'époque. — **L'Homme aérostatique** Adieu mon pauvre oncle. — Trois pièces anonymes, *la 3e coloriée.*

89. — **Siège** de la Colonne de Pompée. Caricature sur l'Expédition d'Égypte par J. Gillray. *London, publ. 1799 by H. Humphrey.* — **Het Jaar 1804 !!!** — **Rural** sports Balloon Hunting. *Publ. 1811 by Th. Tegg.* — **The March of Intellect.** *Pub. 1828 by G. Humphrey.* — **Guckkasten-Bilder** bei heiterer Beleuchtung 1847. Dess. par Cajetan ; gravé par And. Geiger. — Cinq pièces, belles épreuves *coloriées* (1 en noir).

90. — **A Rising Statesman.** *Publ. by T. M. Lean, 1836.* — **Romanregatta.** *Lithog. at Allens'.* — **Darstellungen** aus dem Leben, 1831. – **Prodige de la Chimie.** Gravé par Maurisset, 1839. — **La Daguerréotypomanie.** Lith. par Maurisset. — Six pièces (1 double).

91. — **Caricatures diverses,** par Daumier, Cham, Ed. de Beaumont, Vernier, Draner. etc., de 1850 à 1870. — Dix pièces *(2 coloriées).*

92. — **Frontispices et figures** pour *le Philosophe sans prétention* ou l'Homme rare (par De La Fol'e), *Paris, 1775* — pour *la Découverte australe* par un Homme volant ou le Dédale Français, par Rétif de la Bretonne, *1781* — pour *les Contes en vers*, de l'abbé Bretin, *an VII* — pour *Nouveau Système de l'Univers*, par Ch.-L. Mathieu, de Nancy, *An VII*, etc. — Sept pièces.

93. — **Verbesserung** der Sitten. Gezeichnet und gestochen von C. D. und E., zu haben bey D. Chodowiecki, in Berlin (**1797**). — **Der Friede** beut der blutbesprutzten Erde Den Frauring mit verklartem Angesicht, Der Weltenvater Sprach ein neues Werde ! Und siehe ! es ward Licht. Zeittafel des Achtzehenten Jahrhunderts entworfen von J. H. W. Witschel 1801. — **La Folie** des deux partis, ou vue politique de l'Etat et de la Nation Anglaise, avec les sénateurs en personnes, etc. — Quatre pièces.

94. **PORTRAITS.** — Etienne et Joseph **de Montgolfier.** — Réunion de 10 portraits gravés par De Launay, Le Beau, Roze Le Noir, Thoenert, etc.

95. — **Charles** Réunion de 4 portraits gravés par Miger, Thoenert, etc.

96. — **Pilatre de Rozier.** — Réunion de 4 portraits gravés par J. Collyer, Beljambe et Thoenert.

97. — **Duc de Chartres.** — Réunion de 5 portraits gravées par Le Beau, Petit, Hubert, Desrochers, etc.

98. — **Duc de Chartres** (Louis-Philippe d'Orléans, duc de). Portrait in-fol., gravé par J. Daullé, d'après Belle. Très belle épreuve.

99. — **Zambeccari** (F.). — St. e G. Montgolfier fratelli. Portraits tirés sur la même planche, avec au bas la description de toutes les parties de la machine aérostatique de F. Zambeccari. Pièce in-fol., anonyme. Rare.

100. — **Arlandes** (Mis d'). Gravé par Legrand, d'après A. Pujos. — **Blanchard.** 2 portraits gravés par Bock, 1787 et Klinger. — **Garnerin.** 2 port. gravés par Locker et Porreau. — Ens. 5 pièces.

101. — **Pilatre de Rozier**, Gravé par Beljambe. — Blanchard. Gravé par Klinger. — Mme Blanchard. Grav. par Porreau. — Garnerin. Grav. par Porreau. — Mc Quire. — Farjas de St-Fond. — Gay Lussac. etc. — Neuf portraits.

102. — **Lunardi** (Vincent), Esqr his Doog and his Cat. *London, pub. nov. 1784, by Edw. Hodges.* Belle épreuve.

Le célèbre aéronaute est représenté avec son chien et son chat qu'il emmenait avec lui au cours de ses ascensions.

103. — **Green** (Charles), 1839. — le Dr Potain. — Mr Mc Quire. — James Sadler, 1812. — Lt-gal H. Mss of Anglesey, 1816. — Mr Edw. Spencer, 1839. — 6 portraits gravés et lithographiés par Harding, Bordes, B. Taylor, etc.

ASSIETTES AU BALLON — MÉDAILLES

104. — Sous ce numéro, il sera vendu en plusieurs lots 10 assiettes anciennes au ballon.

105. — Sous ce numéro, il sera vendu en plusieurs lots 10 médailles commémoratives anciennes et modernes.

1° Blanchard. Ascensions de Nuremberg, 1787 ; Varsovie, 1788 ; et Breslau, 1789. — 3 pièces en argent.

2° Blanchard. Ascensions de Francfort, 1785, de Nuremberg, 1787. — L.-B. de Lutgendorf, Augsbourg, 1786. — 3 pièces en étain.

3° Siège de Paris, 1870-1871. Emploi des aérostats pour la défense de Paris. Pièce en bronze, par Chaplain. Grand module.

4° Ascension captive. Exposition universelle, 1867. — République Française. Ballons du Siège de Paris, 1870-1871. — République Française. Les Ballons postes pendant le Siège, 1870. — Trois pièces en bronze.

Portraits de Savants

PORTRAITS DIVERS

106. **Astronomes**. — Arago. — Bailly (J.-S.) Gravé par Beljambe. *Ep. imp. en bistre et sanguine.* — Bode (J. El.). Grav. par Malvieux, 1791. — Cassini (J. D.). Grav. par Dupuis. — Chappe (l'abbé). Gravé par Tilliard. — Copernic (N.). 6 port. gravés par Th. de Bry, Moncornet, Bonneville, etc. — Halley (Edm.) 3 port. gravés par François et G. White. — Herschell (Will.) 7 port. gravés par J. Godby, Ryder, Duhamel, Bonneville, Thompson, etc. — Jeaurat (E. S.). Gravé par Louise Jaquinot. — Kratzer (Nic.). Gravé par Dequevauviller *(ép. avant lettre)*. — Leverrier. — Ticho de Brahe. 3 p. — Ulloa (D. Antonio de). Gravé par R. Esteve. — Ens. 28 pièces, belles épreuves.

107. **Botanistes, Agronomes, Jardiniers.** — Bernoulli (D.). Gravé par I. I. Haid. — Boyceau (J.), célèbre jardinier. Gravé par Huret. — Haller (Albert de). 5 p. gravées par Dunker et Eichler, Storklin, Tardieu, etc. — Jussieu (B. de). 2 port., 1 ép. *avant lettre* — Linnée. — Mathieu de Dombasle. — Serres (Olivier de). 2 port. par Roger. — Sully. Gravé par Ponce. Vaillant (Séb.). — Vanière (Th. I. de). Gravé par Benoit. — Ens. 16 pièces, belles ép.

108. **Chimistes.** — D'Arcet (J.). 4 port. — Berthollet (Cl.-L.), 4 p. — Davy (H.), 5 p. — Dulong (P. L.). — Fourcroy. — Geber, alchimiste arabe. — Graham. — Lavoisier (A.-L.), 12 p. — Lemery (Nic.). — Le Rouge (J. A.). — J. Liebig. — Paracelse, médecin et alchimiste, 2 p. — Peletin. — Proust (L). — Raspail. — Sage (B. G.). — Schwartz (Berthold), 2 port. — 40 portraits gravés et lithographiés par Tassaert, Masquelier, de Marcenay, Quénedey, Levachez, Sudré, etc. (1 ép. *avant lettre*).

109. — **Davy** (Sir Humphry). In-fol., à mi-jambes. Gravé par Worthington, d'après Lonsdale, 1827. Très belle épreuve.

110. **Electricité et Magnétisme** — Franklin (B.). 2 port. gravé et lithog. (*1 avant lettre*). — Edison. — Peletin. Gravé au physionotrace par Chrétien. — Saluces de Manusiglio (Cte A.). Gravé par Sasso. — Mesmer (A.), 3 portraits gravés et lithog. — Les Magnétiseurs; Curiosité parisienne. 2 pièces coloriées (Annales du Ridicule, n°s 5 et 6). — Ens. 10 pièces.

111. **Géographes, Voyageurs, Explorateurs.** — Ch. Colomb. — Cook (J.). 2 port. gravés par Sherwin et Benard. — *Mort tragique du capitaine Cook.* Gravé par Fessard. — La Pérouse (J. F. G. de). 2 portraits gravés par Tardieu, 1793 et Pigeot. — Magellan (Ferd.). — Mercator (Ger.) — Pfyffer (Louis). Gravé par Ch. de Méchel. Epr. *imp. en couleurs.* — Ens. 9 pièces.

112. **Géologistes et Minéralogistes.** — Dolomieu (Deodat de). Gravé par St Aubin. — Born (Ign., b^on^ de). Gravé par J. Adam, 1782. — Romé de l'Isle (J. B. L.). Gravé par Lélu. 1783 (*2 épreuves*). — Ens. 4 pièces, belles épreuves.

113. **Horlogers, Bijoutiers.** — Bréguet (A. L.). Lithog. par Girardet, 1827. — Harisson (John). — Hugens (Ch.). Gravé par François. *Imp. en sanguine.* — Muller (Henri), bijoutier à Nuremberg. Gravé par Peter von Isselburg (*Rare*). — Schwilgué, auteur de l'Horloge astronomique de la cathédrale de Strasbourg. Gravé par Schuler, 1852. — 5 pièces, belles ép.

114. **Imprimeurs, Lithographes.** — Aloys Senefelder. Lithog. par L. Quaglio 1818. — C. de Lasteyrie, introducteur de la Lithographie en France. *Lith. de C. de Last.* — 2 pièces, belles épreuves.

115. — Guttemberg : 5 portraits. — Jean Fuste. — Robert Estienne. — Chr. Plantin. — Aloys Senefelder, 2 portraits. — G. Engelmann. — Ens. 11 portraits gravés et lithographiés.

116. **Ingénieurs.** — Johann Carl, Ingénieur pour l'artillerie, Nuremberg. Gravé par Sandrart, 1662. — Metezeau (Cl.), architecte et ingénieur du Roy. — Middleton (H.), ingénieur hydraulique. Gravé par A. Walker. — Riquet (P. P. de), auteur du Canal du Languedoc. Grav. par Delvaux. — Vauban (S. Leprestre de), ingénieur militaire. 6 port. grav. par N. Dupuis, Voyez, G. P. Busch, Bertonnier, etc. — Watt (James). 8 port. grav. par Thompson, Wright, etc. — Ens. 18 portraits.

117. — **Brunel** (Sir Marc Isambard). Port. gr. in fol. à mi-genoux. Gravé à la *manière noire* par J. Carter, d'après S. Drummond. Belle épreuve.

118. **Mathématiciens, Géomètres, Philosophes.** — D'Alembert (J.). 3 port. gravés par Henriquez, Miger, etc. — Archimède. 2 port. — Bernoulli (J.). Grav. par Dupin. — Clairaut (Cl. A.), 2 port. gravés par

Watelet et Delafosse. — Descartes (R.). 3 port. — Diderot, 2 port. gravés par A. de St-Aubin. — Fermat. Gravé par François. *Imp. en sanguine.* — Finée (Oronce). — Galilée. — Gregory (J.), 1798. — La Condamine. 2 port. d'après Cochin, 1 gravé par Choffard. — Maupertuis (P. L. Moreau de). — Morin. — Mersenne (M.). Gravé par Duflos. — Monge. 4 port. et 1 vue de son tombeau, 5 p. gravées par Quénedey, Tavernier, etc. *(1 avant lettre).* — Newton (J.). 5 port. gravés par J. Faber, 1726, Le Cœur, W. Sharp, etc. — Rivard (Fr.). Gravé par Aubert. — Torricelli (E.). — Ens. 34 pièces.

119. **Mécaniciens, Inventeurs.** — Arkwright (R.). — Chappe (Cl.), inventeur du télégraphe. — De Prony (B^on). Lith. par J. Boilly. — Fulton (R.). *A Paris, chez Bance.* — Jacquart (J. M.), 2 p. — Jouffroy. — Sauvage (Fr.), 2 port., l'un en pied, *lith. par Gavarni.* — Vaucauson (J.). 2 p. — Métier à la Jacquart. *Paris, M^on Basset.* — Ens. 12 pièces gravées et lithographiées.

120. **Médecins, Chirurgiens, Pharmaciens.** — Baumé (A.). Gravé par A. de St-Aubin. — Bausch (J. L.). Gravé par J. Sandrart. — Boyveau-Laffecteur. Gravé par Pérée. — Cadet (Cl. V. D. Lud. Cl.), pharmacien et chimiste. Gravé par Henriquez. — Camper (P.). Gravé par Vinsac. — Coytier (J.). Gravé par François. — Dubois (A.). — Guillotin (J. I.). Gravé par Prevost. — Harvey (Will.). — Hecquet (Ph.). Gravé par Daullé. — Hoffmannus (Fréd.). Gravé par Petit, 1739. — Larrey (D. J.). — Lemery (Nic.). Gravé par Pitau. — Leroy d'Etioles. — Paré (Ambroise). 4 port. — Paracelse. — Saint Cosme (frère Jean de). Gravé par de Lorraine. — Ens. 20 pièces.

121. — **Hunter** (John). Port. gr. in-fol. à mi-jambes. Gravé par Will. Sharp, d'ap. J. Reynolds, 1788. Très belle épreuve.

122. **Mineurs.** — Schaitberger (Jos.), mineur protestant. M. Engelbrecht, exc., d'ap. Decker, 1732. — Le Chr Hubert Goffin et son fils dans la Houillerie Beaujonc. Gravé par Jehotte. — 2e Vue des Houillères Beaujonc et Marmonster, dess. sur les lieux par Mr Lion fils. *Colorié.* — Ens. 3 pièces.

123. **Naturalistes.** — **Buffon** (G. L. L. de). 7 portraits gravés par St Aubin, Chevillet, Gaucher, etc. (*plus. avant lettre, 1 coloriée*). — Cuvier (G). 6 port. gravés et lithog. par J. Boilly, Tardieu, etc. — Daubenton. Gravé par Roger. — Humboldt (A.) — Lacépède (Cte de). 6 port. gravés et lithog. — Marcorelle (J. F. de), bon d'Escale. Gravé par Lempereur. — Péron (F.) 2 port., états différents, gravés par Lambert. — Saussure (H. B. de). Gravé par Fontanal, etc. — Ens. 27 pièces.

124. — **Saussure** (H. B. de). Port. in-fol., en pied. Gravé par Chr. de Mechel. Très belle ép. *imprimée en couleurs.*

125. — **Saussure** (H. B. de). In-fol. à mi jambe. Gravé par Ch. Pradier. — **Humboldt** (A. von). Gr. in-fol. à mi jambes. Gravé par J. J. Freidhof, d'ap. Weitsch. 1808. — Deux pièces, très belles épreuves.

126. **Photographie.** — Daguerre. 4 portraits gravés et lithographiés.

127. **Physiciens.** — Ampère (A. M.) — Dortous de Mairan. — La Metherie (J. Cl. de). — Musschenbrock P. Van). — Nollet (l'abbé), 2 port. — Pinetti (Jos). — Porta (J. B.), 2 p. — Réaumur, 4 port. — Rumford (Cte de), 2 port, — Sage (B. G.). — 16 portraits gravés par P. Le Roy, de Larmessin, Carmontelle, Beljambe, B. Roger, etc. (1 p. *avant lettre*).

128 **Phrénologistes, Physiognomistes.** — Gall (Dr). Portrait lithographié par C. Cardoni, 1826, et Pièce satirique, coloriée ; 2 p. — Lavater (J. G. C.). 5 portraits grav. et lithog. par Ch. de Mechel, Lips, etc. — Ens. 7 pièces.

129. **Sourds-Muets et Aveugles.** — Ch. M. de l'Epée, 1er instituteur des Sourds-Muets. 4 pièces. — Les frères Haüy. — Ens. 5 p.

130. **Vaccine.** — Portraits de Edw. Jenner, gravés par Monsaldi, Ridley, etc. 5 p. — De la Rochefoucauld Liancourt, Introducteur de la Vaccine en France. Gravé par Monsaldi. — Ens. 6 portraits. Belles épreuves.

---

131. **Aventuriers.** — Cagliostro. Gravé par Ch. Guérin, 1781. — Latude (H. Masers de), 2 port. gravés par Vestier et Canu. — Ens. 3 pièces, belles épreuves.

132. **Rousseau** (J. J.) Portraits divers. — Six pièces gravées par Duhamel, Queverdoo, St Aubin, Ponce, etc., d'après La Tour, Marillier, etc. Belles épreuves.

133. **Voltaire**. Portraits divers, Caricatures. — 22 pièces gravées par et d'après Huber, Vachez, Le Dru, Charon, Haid, Desmarestz, Ponce, etc. *(4 coloriées ; 1 dessin ancien)*.

134. **Voltaire.** Gravé par Guyot. Epr. *imp. en bistre*. — M. F. A. Voltaire. Médaillon rond. Ep. *imp. en couleurs*. Ens. 2 pièces, belles épreuves.

135. **Portraits Femmes.** — Jeanne d'Autriche, grande duchesse de Toscane. Gravé par G. Edelinck, d'après Rubens. — Maria Magdalena Austriaca ; Catharina ab Etruria. 2 port. gravés par Adr. Haluech — Marie-Adélaïde Clotilde-Xavière de France, Princesse de Piémont. Gravé par L. J. Cathelin, d'après Ducreux. — Elisabeth-Philippe-Marie-Hélène de France, sœur du roi. Gravé par Cathelin, d'ap. Ducreux. — Catherine de Seine, épouse du Sr Dufresne. Gravé par Lépicié *(tirage postérieur)*. — Mme Roland. Gravé par H. Lips. — Ens. 7 pièces, belles épreuves.

136. **Portraits divers.** — Turenne. Gravé par P. de Jode. — Maurice de Saxe. Gravé par Petit, d'ap. Rigaud. — Tourville. Gravé par Le Beau. — Court. de Gebelin. Gravé par Romanet. — D'André, épicier-droguiste du Château. Gravé par Villeneuve. *Imp. en couleurs.* — Collignon. Gravé par Heimlich. — Worlock. Gravé par St-Aubin. — 7 pièces, belles épreuves.

137. **Portraits divers.** — Chr. Bech, inventeur du Costumomètre. — Cte de Caylus. — J. M. Roland. — Oberkamp. — Th. Sutton. — Henri IV délibère sur son futur mariage., etc. — 19 pièces.

Estampes sur les Inventions
Jeux et Sports

PIÈCES DIVERSES

ANIMAUX SAVANTS
COMBATS D'ANIMAUX

139. Mrs Midnight's Animal Comédians. Dess. et gravé par J. June. *Publ. 1753*. In-fol. en larg., belle épreuve.

140. — A Dog Ficht. Gravé par Rowlandson. — De Boss Rooster. 1822. — Deux pièces, belles épreuves *coloriées*

ASTRONOMIE

141. Eclipse du soleil du 24 juin 1778. Gravé par Godefroy, d'après Lantara.— Fronstispice par C. N. Cochin, 1764. *Epreuve d'état, avant lettre.* — Vera delineatio Parhelii cœlo sereno visi Lugd. Bat. A°. 1653. — Trois pièces.

BILLARD

142. Les Joueurs à la mode. *A Paris, chez Depeuille.* In-4 en larg. Très belle épreuve *coloriée*.

143. — Das Billardspielen. Gravé par J.-E. Nilson. — Pikenick, ou au noble jeu de billard. *Im Verlag von I. Morino et Comp., in Berlin.* — Billiards. Gravé par Bretherten, d'ap. Bunbury. *Publ. 1781.* — Le Fameux Jeu de billard de la Taverne de Buvy Laane à Londres. Dessiné d'après nature. — Les Amateurs du Billarde. Cinq pièces, *2 coloriées.*

CARICATURES, SCÈNES DE MŒURS

144. Le Bon Genre n° 22. L'Embarras des Capotes. — Mode du Jour. Levez les Jambes, Madame ;..... *A Paris, chez Basset.* — Musée Grotesque n° 54. La Famille économe. — Ce qui vient de la Flutte retourne au Tambour. *A Paris, chez Martinet.* — Crinoline, 1859. — Cinq pièces, belles épreuves *coloriées.*

145. — Le Trente-et-un, ou la Maison de prêt sur nantissement. — Le Boulevard Italien. — Bastringue. — Les Nouveaux Cris de Paris. — Le Souper de Gargantua au Jardin de Tivoli, etc. — Sept pièces *(1 coloriée, 1 imp. en bistre).*

CHEMINS DE FER

146. Railway Conveyances from Liverpool to Manchester. *London, publ. 1884, by Ackermann et C°.* — Planche de 4 sujets. In-fol. en larg., très belle épreuve *coloriée.*

147. — Travelling on the Liverpool and Manchester Railway. 4 sujets en 2 planches. — Geometrical elevation of the London and Greenwich Railway. Gravé par C. Hunt, d'ap. Clayton. *London, publ. 1834 by Ackermann.* — Ens. 3 pièces in-fol. en larg., belles épreuves *coloriées*, les 2 premières sans marge.

148. — Views of the Manchester and Liverpool Railway. 7 planches gravées par Pyall, d'après Bury, 1833. Epreuves *coloriées*.

149. — Voitures à vapeur sur le Chemin de fer de Liverpool à Manchester. *Chez Geslin ; Lith. de Renou.* — The Fearful accident on the north London Railway, 1861. *London, publ. 1861 by Louis Rochefort.* — Inauguration des Chemins de fer, décrétés par la loi du 1er mai 1834. Le 5 mai 1835, Vue prise près de Bruxelles. Lith. par Lauterset Fourmois.— Chemin de fer de Bruxelles à Malines. *Imp. lith. de F. Judenne.* — Die Eisenbahn in Wien. Lith. von Jgz. Sontag. Gebr. bei Joh. Höfelich. — So viele Passagiere und wir können mit langer Nas zusehen ! Gravé par And. Geiger, d'ap. Cajetan (*Satyrisches Bild*). — Chemin de fer de Paris à Orléans. Lith. de V. Adam, etc. — 8 pièces (*1 coloriée*).

CARINGTON BOWLES

150. The Feather'd Fair, Feeding the Feather'd Fowl. *Printed for and sold by Carington Bowles, London, 1783*. Belle épreuve *coloriée*.

DEBUCOURT (P. L.)

151. Exercice de Franconi, nº 2. D'après Carle Vernet. *A Paris, chez Guérin et chez Reslut.* Belle épreuve *coloriée*, et encadrée.

GAILLARD (R.)

152. Castanier (François). Célèbre banquier et receveur général des Finances. D'après H. Rigaud Très belle épreuve à toutes marges.

IMAGERIE

153. Imageries anciennes, éditées *à Toulouse, chez Abadie, Pellerin à Epinal*, etc. — Réunion de 15 pièces *coloriées* (2 en tirage moderne).

154. — Naissance de S. A. R. le duc de Bordeaux. — Berceau donné par les dames de Bordeaux... — Trois pièces publiées *à Toulouse, chez Abadie*. Belles épr. *coloriées*.

INCENDIES

155. Moyens de secours employé dans les Incendies à Genève. Peint et gravé par C. G. Geissler, Genève, 1803. In-fol. en larg., belle épreuve.

JEU DU DIABLE

156. Le Jeu du Diable. *A Paris, chez Basset.* — La Manière de jouer au diable. *Joly, del. A Paris, chez Martinet.* — Deux pièces, belles épreuves *coloriées*.

MONTAGNES RUSSES

157. Montagnes Russes, dites de Santé, Barrière du Roule. — Promenade aérienne du Jardin Beaujon, Barrière de Neuilly. — Saut du Niagara, au Jardin Ruggiery, rue St-Lazare. *A Paris, chez l'Auteur. Martinet, Gautier et Chazal.* Série de trois pièces. Belles épreuves *coloriées*.

158. Promenades aériennes, Jardin Baujon. *A Paris, au Jardin Baujon et chez Ch. Bance.* 2 épreuves, dont une d'état. non terminé, avant toute lettre, et à toutes marges. — Vue des Montagnes de Belleville près Paris. Gravé par Michon, d'ap. Courvoisier. *A Paris. chez Hocquart.* — Trois pièces (*1 coloriée*).

159. — Les Montagnes Russes de la Barrière du Roule. — Promenades aériennes. — Montagne artificielle de Belleville. — Trois pieces de la série : Le Bon Genre, nos 97, 102 et 105. Belles épreuves *coloriées*.

160. — La Curiosité Anglaise ou le danger des Montagnes Russes ; Le Zéphir indiscret ou les Charmes des Montagnes Russes. 2 pièces publiées *à Paris, chez Genty*. — La Vogue des Montagnes Russes ou les Montagnes aériennes du Jardin Beaujon. *A Paris, chez Martinet*. — Trois pièces *coloriées*.

161. — Montagnes Egyptiennes, rue du Faub. Poissonnière à Paris. — Les Montagnes Russes au Théâtre des Variétés. — Délassements militaires. *A Paris, chez Aubert*. — Les Véritables Montagnes Russes. *Imp. lith. de G. Engelmann*. Quatre pièces, belles épreuves *coloriées*.

MUSIQUE

162. Concert méchanique inventé par Rt Richard, exposé à la Bibliotéq. du Roi, 1769. — A Elle. Six Romances, avec accompt de Piano. Titre de musique gravée par Choffard, 1799, d'après J. Guérin. — Deux pièces.

NAVIRES

163. Description d'un Navire Royal avec les noms de toutes les pièces nécessaires pour la construction d'Iceluy et leur usage. Jollain, excudit. *Se vend à Paris chez Jollain*. In-fol. en larg., belle épreuve encadrée.

164. — Paquebot de 60 pieds de longueur sur 20 de large..., vogant avec voiles et sans voiles au moyen d'une roue. . Inventé, fait et terminé à Paris par moi Coudeur de St Léger le 15 7bre 1837. — **Trois curieux dessins** à l'aquarelle, gr. in-fol. donnant la vue d'ensemble, plans, coupes et détails du paquebot.

NUTTER (W.)

165. Mrs Bryan and Children, d'après Sam Shelley. In-4. Belle épreuve *avant la lettre.*

OPTIQUE (Vues d')

166. Vues de Paris et des environs, vues de France et Etrangers. — Réunion de 113 pièces *coloriées* (On y a joint : Les Anciennes vues d'optique par F. Pouy. *Amiens*, 1883, broch. in-12).

ORDRE DE L'ÉTEIGNOIR

167. Pièces satiriques sur l'Ordre de l'Eteignoir : Productions de l'Eteignoir du bon sens. — Le Coucher de la Basse-Cour au bord de l'eau, à London. — Grand Combat entre les Libéraux et les Ultras. — L'Eteignoir royal. — Diplôme de Chevalier de l'Ordre sombre de l'Eteignoir, etc. — 8 pièces, belles épreuves *coloriées* (2 en noir).

L'Ordre de l'Eteignoir, ordre burlesque inventé en 1814 par le Journal *Le Nain Jaune* pour fronder les ridicules et les passions rétrogrades des triomphateurs royalistes de la première Restauration.

PATINAGE

168. Les Patineurs du Canal de l'Ourcq. *A Paris, chez Basset.* Très belle épreuve *coloriée.*

PHYSIQUE

169. Salle de Physique dans l'édifice de la Société Félix Meritis à Amsterdam. Dess. par P. Barbiers et Knyper ; gravé par R. Vinkeles, 1801. In-fol. en larg. Belle épreuve.

PIRANESI (G.)

170. Vases et Candélabres antiques, frises, chapiteaux, fragments et détails d'ornementation, etc. — Réunion de 65 pièces, in-fol. et gr. in-fol.

171. — Vues et Monuments antiques de Rome et d'Italie. — 24 pièces gr. in-fol.

Belles pièces de l'œuvre du maître, très remarquables de composition et d'exécution.

TABAGIE

172. Segar Smoking Society in Jamaica! *London, publ. nov. 12, 1802, by Will. Holland.* In-fol. en larg. *Coloriée.*

VÉLOCIPÈDES ET DRAISIENNES

173. Draisiennes, dites Vélocipèdes. Chevaux portatifs et économiques inventés hors de France. *Chez Martinet.* — Vélocipèdes. Lith. de N. Lacroix. *Chez Martinet.* — Gare gare !!!! ou le Public attrapé à la Course, au jardin du Luxembourg le 5 avril 1818. — Le Vélocipède sentimental !! ou Draisienne française. Lith. de Lacroix. *Chez Martinet.* — Quatre pièces lithographiées (*3 coloriées*).

174 — Johnson's Pedestrian Hobbyhorse Riding Scholl; Pedestrian Hobbyhorse; Views of the Lady Pedestrian Hobbyhorse. 3 pièces publiées *à Londres par Ackermann, 1819.* — Going to Hobby Fair. Gravé par Cruiteshank. *Pubᵈ by Th. M. Lean, 1835.* — Ens. 4 pièces. belles épreuves *coloriées.*

175. — The Ladies Hobby. — The Pedestrian. Hobbies or the difference of Going Up and Doun Hill. — Match against Time or Wood beats Blood and Bone.— Anti-Dandy Infantry triumphant or the Velocipede Cavalry Unhobby'd. — The Dandy and his Postillion, or the Waay to laugh up Hill. — The New Longe Back'd Hobby made to carry three without Kicking. — Modern Pegasus or dandy Hobbies in full Speed. — A Family Party takeing an Airing. — Hobbies or attitude in every Thing. — Neuf pièces *publiées par T. Tegg, 1819*. Belles épreuves *coloriées*.

176. — The Dandy and his Postillion, or the Waay to laugh up Hill. — The Chancelliors, Hobby, or More Jaxes for John Bull. — The Parsons Hobby, or Comfort for a Welch Curate. — More economy or a Penny Saved a Penny got. — Every one his hobby *plates 1 and* 2. — The Epping Hunt or Hobbies in a Uproar. — Ens. 7 pièces *publiées par Tegg, 1819*. Belles épreuves *coloriées*.

177. — A P... e, Driving his Hobby, in Herdford !!! — The Ladies Accelerator. *Publ. by Fores, 1819*. — A New Irish Jaunting Car.... *Publ. by Fores*. — Bum Bailliff out-done or one of the Conforts attendino the Patent Hobby Horses. *Pub. 1819 by Johnston*. — The Military Accelerator. *Pub. by Mr Cleary* - etc. — Sept pièces, belles ép. *coloriées* (1 en noir).

VOITURES, AUTOMOBILES

178. Délinéation d'une nouvelle machine qui consiste à faire rouler un chariot de voiture sans chevaux par le moien de deux personnes commodément assises dessus. Le Public peut recevoir de cette machine un grand avantage en pouvant transporter, non seulement,

toutes sortes de marchandises, mais aussi tous les attirails pour la Guerre. I. W. B., *del.*, Gab. Bodenehr, *sculp. et excud. Aug. Vind.* Gravure à la *manière noire*, in-fol. en larg. ; belle épreuve encadrée.

179. — La Chaussée d'Antin. — Calèche de Poste. — Coucou. — Favorite. — Omnibus. — Cinq pièces par Eug. Lami et Lœillot. Belles épreuves *coloriées*.

180. — Malle-Poste. — Coucou. — A Stage-Coach. — Les Jumelles. — Quatre pièces par Aubry et Lœillot. Belles épreuves.

181. — Vues des Boulevards avec les Nouvelles Voitures. Lith. de Malenfant. In-fol. en larg., *colorié.* Rare.

182 — West Country Mails at the Gloucester Coffee House, Piccadilly. Gravé par C. Rosenberg, d'après Pollard. *London, publ. by Th. Mc Lean. 1828 et Giraldon Bovinet à Paris.* Très gr. in fol. Très belle épreuve *coloriée* et encadrée.

183. — View on the Windsor Road, 1829. *Publ. by J. Field.* — How to Gammon the Deep, ones or the way to overturn a Coach acording to Act of P-l-m-t. *London, pub. 1791 by Fores.* — Posting in Scotland : Posting in Irland. 2 pièces sur la même planche. — Travelling in France or, le Départ de la diligence. Gravé par G. Cruiskank, 1835. — The Beath Coach ; The Portsmouth Coach. 2 pièces *publ. by C. Sheppard, 1795.* — Traineau de louage, connu sous le nom de Sleede ou Slee. *Chez Maaskamp à Amsterdam.* — Malle poste aux lettres. Lithog. de V. Adam (*Voitures nº 19*). — Ens. 8 pièces (*4 coloriées*).

184. — Allons Messieurs? pour Versailles, St-Cloud, Neuilli, etc., etc. *A Paris, chez Depeuille et chez Martinet (Caricatures Parisiennes).* — Entreprise des Parisiennes, service de Paris à Versailles. *Lith. de C. Motte.* — Deux pièces, belles épreuves, *la 1re coloriée.*

185. — The Roadsters. — Mail Coach by Moonlight. — Deux estampes anglaises, très belles épreuves *coloriées.*

186. — The New Steam Carriage !! *London, pub. by J. L. Marks.* — H. Alleen's Illustration of Modern Prophety, or Novelty for the year 1829. The Progress of Steam. *London, publ. 1828 by S. and J. Fuller.* — Gurney's new Steam Carriage. *Publ. 1827 by J. Fairburn.* — Trois pièces, belles ép. *coloriées*, et encadrées.

187. — A Sketch of Mr Gurney's Steam Carriage, as it appeared at Hounslow Aug. 11, 1829. Gravé par Shoosmith. — Velocifero a vapore del Dott. Church costrutto a Birmingham nel 1833. — Neue Erfindung no II. *Lith. v. J. Vellen.* 1834. — Trois pièces, *2 coloriées* ; épreuves encadrées.

188. — Voiture à vapeur pour les routes ordinaires, brevetée le 18 juillet 1833, par François Macerone et J. Squire, G. Hullmandel, lithog. In-fol. en larg., belle épreuve encadrée.

189. — Automobiles. 2 pièces par Terrigan, 1902, et Lucien Faure. Gr. in fol. en larg., *en couleurs*, et encadrées.

VUES

190. — Dunkerque, entrée et sortie du port. 2 pièces. — Gravelines, vue générale de la rade. — Gravelines, entrée du port *(2 épreuves)*. — Gravelines, sortie du port *(4 épreuves)*. — Ens. 9 pièces gravées par Fielding, Salathé, Himely, etc., d'après Bonington, Gassies, etc. Belles épreuves *coloriées*.

DIVERS

191. — Bivouac des Troupes Russes aux Champs Elysées à Paris au 31 mars 1814. *A Paris, chez Mme Ve Chereau.* — Vue des Bains chinois, prise du boulevard des Capucines. *A Paris, chez Basset.* — Nouveau moulin barbe, avec lequel on peut raser et cœffer soixante personnes en une minute. *A Liège, chez le Sr Bourguignon.* — Trois pièces, belles épreuves, les 2 premières *coloriées*.

192. — Living made easy. Riding apparatus for timid horsemen. *London, publ. by T. M. Lean,1830.* — High-Flyer Beating sir Peter. *Sold by C. Sheppard.* — Ducrow riding six Horses. Gravé par Cruikshank. — Die einfachen Zahlen in verschiedenen Stellungen und Wendungen des Arlekins dargestellt. — Apothicairie. Dessin d'une enseigne peinte du XVIIe siècle à Vailly, etc. — Huit pièces *(4 coloriées)*.

193. — Droits de l'Homme et du Citoyen. Gravé par Queverdo. — La Nature. Gravé par Bonneville. — The Tree of Liberty, with the Devil tempting John Bull. — Par brevet d'invention obtenu par le Cen Douglas. — A l'Amour paternel et filial. La ∴ des Amis Philantropes, à l'O ∴ de Bruxelles. Le groupe principal représente la famille Robinet. — De Hansy,

Libraire à Paris. Adresse. — Le Printemps ; l'Eté ; l'Automne. *Zu finden bey Jos. Ottinger.* 3 pièces. — Ens. 9 pièces. *(4 coloriées).*

194. — Amateurs exécutant une courante. *Lith. de G. Engelmann.* — Ce n'est pas un lapin non, c'est le chat ! ; Mon lieutenant, c'est un conscrit. 2 lithog. par H. Vernet. — Maudites voitures !! — Auxerre ; Montélimart. 2 vues tirées de voyage en France, de Laborde ; ép. *avant lettre*, etc. — Réunion de 10 pièces *(1 coloriée).*

195. — Sous ce n°, il sera vendu quelques pièces non cataloguées.

Charles BRANDE
IMPRIMEUR
23, Rue de l'Église
LE VÉSINET

www.ingramcontent.com/pod-product-compliance
Ingram Content Group UK Ltd.
Pitfield, Milton Keynes, MK11 3LW, UK
UKHW020449180726
13839UKWH00004B/1727

9 782329 547220